CAUSERIES

VOYAGEUR

CAUSERIES

D'UN VOYAGEUR

PAR

ALEXANDRE DUMAS.

I

Il y a dix-huit mois, mes affaires m'appelèrent à Turin. J'habitais Bruxelles, et en vertu de cet axiome parisien : *Tout chemin mène à Rome*, je résolus de gagner la capitale du Piémont par Liége, Aix-la-Chapelle, Cologne, Coblentz, Mayence, Mannheim, Heidelberg, Carlsruhe, Bâle, Genève et Chambéry. Tout alla bien jusqu'à Carlsruhe. Je refis, le voyage de mon cher Hugo à la main, ce voyage du Rhin que j'avais déjà fait cinq ou six fois; je recueillis tout le long de la route nombre de légendes poétiques pour mon livre d'*Isaac Laquedem*, que j'étais sur le point de commencer, et j'arrivai de Bruxelles à Baden en moins de temps qu'il n'en fallait autrefois pour aller de Paris à Lyon. Arrivé là, je m'informai, et j'appris qu'il me faudrait plus de temps pour aller de Bâle à Chambéry qu'il ne m'en avait fallu pour venir de

Bruxelles à Baden. Je m'étais déjà donné de longues vacances; il ne m'était point permis de les prolonger; je résolus de changer d'itinéraire. J'allai gagner Paris par Strasbourg et Chambéry par Lyon. En calculant bien mes départs, c'était une affaire de soixante à soixante-cinq heures. Puis, je me dis qu'en repassant par la capitale de l'Alsace, je reverrais sa cathédrale, que je revois toujours avec un merveilleux étonnement. Je partis donc de Baden pour Strasbourg.

Strasbourg est pour moi une ville d'amusants souvenirs. J'ai fait avec Gérard de Nerval un charmant voyage en 1838; de ce voyage est résulté un assez beau drame qui n'a pas eu le succès qu'il devait avoir, par les mauvaises circonstances théâtrales dans lesquelles il s'est produit : ce drame, c'est *Les Burkart*. L'idée en était à Gérard de Nerval : l'étude, qui était celle des universités allemandes, l'esprit, qui était celui des sociétés secrètes, lui appartenaient tout entiers. Je n'étais, moi, pour quelque chose que dans l'arrangement dramatique des scènes et dans l'exécution du dialogue. Ce drame, ou plutôt les circonstances qui avaient précédé son apparition à la lumière, étaient accompagnées de ces anecdotes qui accompagnent incessamment Gérard de Nerval en voyage, soit que Gérard, parti avec trois cents francs pour Constantinople, reste un an dans le camp des Tartares, hébergé par les descendants de Gengis-Kan, et réponde à Théophile Gautier, inquiet de la situation pécuniaire de son ami et lui écrivant : « Je viens de toucher cent francs à *la Presse*, veux-tu que je t'en envoie cinquante? — Merci! il m'en reste encore dix; » soit qu'il visite l'Égypte, et se marie, selon les règles du pays, une fois à Alexandrie, une fois au Caire, une fois à Boulay; soit qu'il arrive chez moi enfin, à Bruxelles, après avoir, en agissant contre les détours du chemin de fer, qui lui paraissaient des longueurs inutiles, mis quinze jours et dépensé quatre cents francs à faire le chemin qu'il eût fait en dix heures et pour un louis.

Je vous ai parlé de Gérard, déjà, chers lecteurs, et quoique cet article soit écrit dans un tout autre but que de m'occuper du traducteur du Faust, voilà qu'à propos de Strasbourg Gérard est tombé sous ma plume, et voilà que je vous raconte Gérard. Vous raconter Gérard, son esprit charmant, à la fois fin et naïf, si c'était possible, comme je vous ferais, non pas un article, mais un livre là-dessus! Gérard est notre la Fontaine, distrait, insoucieux; et, le seul désavantage qu'il ait sur celui de Château-Thierry, célibataire, malgré ses trois femmes de Boulay, du Caire et d'Alexandrie. Oh! si Gérard était marié, les bonnes histoires conjugales qu'eût amenées ce mariage! Mais il ne l'est pas; consolons-nous-en.

Maintenant, chers lecteurs, que je vous ai fait venir l'eau à la bouche, vous voilà en droit de me demander : Quelle est donc cette anecdote qui réunit dans votre mémoire la ville de Strasbourg à l'auteur de *Léo Burkart?* Bah! racontons d'abord l'anecdote, nous arriverons ensuite au véritable but de cet article. N'avons-nous pas dit tout à l'heure que tout chemin mène à Rome, même Bruxelles, Liége, Aix-la-Chapelle, Coblentz, Mayence, Mannheim, Heidelberg et Carlsruhe?

Il était convenu que je m'arrêterais dans une ville d'Allemagne quelconque; que de cette ville j'écrirais à Gérard; que Gérard viendrait me rejoindre dans cette ville; que nous y séjournerions le temps de faire notre drame, et que nous reviendrions ensuite, non pas comme deux collaborateurs, accouplement engendre en gens de lettres une haine profonde, mais, au contraire, comme deux bons amis. Je choisis Francfort-sur-le-Mein; Francfort, la charmante ville aux maisons roses, bleu de ciel et pistache, aux ravissantes promenades, qui lui serrent la taille d'un ruban de verdure et de fleurs. A peine installé à Francfort, j'écrivis à Gérard :

« Cher ami, par considération pour vous, j'ai choisi, pour couver l'œuf que vous avez pondu, Francfort-sur-le-Mein, patrie de notre Gœthe : venez m'y rejoindre, et que l'ombre de l'auteur de Werther veille sur vous pendant le voyage. Quoique la ville ne soit pas grande et que je ne sois pas difficile à trouver, mettez bien dans votre mémoire que je demeure à l'hôtel de l'*Empereur romain.* Il faut cinq jours pour venir en s'amusant convenablement en route, tâchez de n'en mettre que quinze.

» Je ne suis pas inquiet de vous, pécuniairement parlant : j'apprends par Harel qu'il vient de vous compter douze cents livres ; en supposant qu'il m'ait menti de moitié, c'est six cents francs que vous devez posséder : je connais votre manière de voyager, avec six cents francs vous feriez le tour du monde. Tout à vous,   ALEX. DUMAS. »

Je ne connaissais pas encore bien mon Gérard : avec six cents francs il n'est jamais sûr d'aller jusqu'à Saint-Denis, et c'est avec cinq sous, au contraire, qu'il renouvelle la légende du Juif errant. Je reçus poste pour poste une lettre de Gérard, elle était conçue en ces termes :

« J'ai, en effet, mon cher Dumas, reçu douze cents livres de l'ancien préfet des Landes, plus connu sous le nom de Harel. Ces douze cents livres sont légèrement écornées par votre faute, ayant tardé de deux jours à me dire où je devais vous rejoindre. Depuis deux jours il passe bien de l'eau sous les ponts et bien des pièces d'or par les mailles d'une bourse. N'importe, je pars ; ma lettre reçue, attendez-moi d'un jour à l'autre. Votre ami,   G. DE NERVAL. »

Je reçus la lettre un lundi ; je fis mes calculs, et je me dis que, selon toute probabilité, mon Gérard m'arriverait le jeudi ou le vendredi suivant. J'attendis, je dois le dire, avec impatience. — J'écrivais le matin mon voyage en Belgique, et j'avais le soir deux maisons charmantes où l'on voulait bien me recevoir en ami : la maison Rothschild et la maison Bethmann. Puis dans la journée, quand j'étais trop fatigué, — je me fatiguais encore dans ce temps-là heureux, où j'avais la permission d'être fatigué, — je prenais un cheval, ou une petite calèche découverte, et j'allais tremper un biscuit dans le vin de M. de Metternich au Johanisberg, ou écouter une vieille légende dans un vieux château du Taunus. Le jeudi arriva. Je me dis : Bon ! je verrai probablement Gérard aujourd'hui. La journée s'écoula. — Ce sera pour demain, me dis-je. Vendredi passa comme jeudi, samedi comme vendredi, dimanche comme samedi. Pas de Gérard. Je me disais bien qu'il avait trouvé sur sa route Nancy et Strasbourg ; mais quand on a vu à Nancy le palais du roi Stanislas et le champ de bataille de Charles le Téméraire, on a tout vu. Mettons un jour pour voir tout cela. Restait Strasbourg. Ah ! Strasbourg, c'était autre chose. Pour un diable d'esprit comme Gérard, Strasbourg, avec sa cathédrale, son musée de peinture, son tombeau du maréchal de Saxe, ses fresques de Holbein, ses légendes diaboliques, Strasbourg était une souricière d'où l'on ne sort pas facilement. Mettons soixante-douze heures pour Strasbourg. Cela faisait juste quatre jours de retard. Gérard arriverait lundi. Je ne m'étais pas trompé tout à fait, le lundi, à la place de Gérard, arriva une lettre. Elle était conçue en ces termes :

« Mon cher Dumas, une foule de circonstances plus impérieuses les unes que les autres me retiennent à Baden-Baden ; la dernière de toutes, mais celle que je mets en première ligne, pour ne pas vous fatiguer du récit des autres, est que je n'ai plus d'argent. Envoyez-moi donc ce que vous pourrez poste restante, à Strasbourg, et adressez-moi votre lettre d'avis en double, l'une à l'*Hôtel du Corbeau*, à Strasbourg ; l'autre à l'*Hôtel du Soleil*, à Baden. Le jour même où je recevrai votre réponse, je partirai pour Francfort. Tout à vous,   G. DE NERVAL. »

Maintenant, que l'on me permette d'user de mon privilége de romancier en racontant ce qui était arrivé à Gérard de Nerval depuis qu'il avait reçu les *douze cents livres* de l'ancien préfet des Landes, plus connu sous le nom de Harel, jusqu'au jour où le dernier écu de ces douze cents livres l'avait forcé, en l'abandonnant à Baden, de recourir à moi pour continuer son chemin.

II

D'abord, en recevant ses douze cents livres, Gérard s'était souvenu d'un magnifique lit du seizième siècle qu'il avait vu chez un marchand de bric-à-brac, et qu'il s'était bien promis d'acheter au premier argent qui lui *rentrerait*. Terme de banque. Or, il lui était rentré l'inépuisable somme de douze cents livres, et Gérard avait songé au lit. Il avait mesuré sa chambre et lui avait trouvé six pieds de large et huit pieds de long. De là il s'était rendu chez le marchand de bric-à-brac. Il avait mesuré le lit et lui avait trouvé six pieds et demi de large et huit pieds et demi de long. C'était en tous sens dix-sept centimètres ou à peu près de plus que sa chambre. Il y avait moyen de mettre la chambre dans le lit, mais il n'y avait pas moyen de mettre le lit dans la chambre. C'était un inconvénient. L'esprit inventif de Gérard leva cet inconvénient comme un géant fait d'une paille. Il se dit à lui-même avec un sourire de mépris : — Comment ai-je pu être embarrassé un seul instant ? — Pauvre humanité ! le dernier animal, grâce à l'instinct, est plus intelligent que toi ! Et, en effet, voilà ce qu'avec la rapidité de l'éclair Gérard avait arrêté : il allait venir me rejoindre à Francfort, — nous ferions notre drame de *Léo Burkart*, — le drame de *Léo Burkart* aurait le succès de *la Tour de Nesle*. *La Tour de Nesle* avait rapporté quarante mille francs de droits d'auteur, Gérard en aurait vingt mille pour sa part; — avec dix-huit cents francs par an, Gérard louerait un magnifique appartement place Royale. — Cet appartement aurait une chambre à coucher de vingt-cinq pieds carrés; — dans cette chambre à coucher tiendraient facilement non-seulement un lit de six pieds et demi de large et de huit pieds et demi de long, — mais un immense bahut que l'on trouverait à l'occasion, — une table sculptée que l'on ne pouvait manquer de rencontrer sur la route, et enfin douze chaises qu'au bout du compte on ferait faire exprès, — si l'on n'en découvrait point de toutes faites, dont le caractère fût en harmonie avec celui du lit et du bahut.

Avec quinze cents francs on aurait tout cela; avec six mille cinq cents francs on meublerait le reste de l'appartement. Resteraient, le loyer payé, plus de dix mille francs pour passer l'année. Pendant cette année on ferait deux autres pièces qui rapporteraient quarante mille francs, sur lesquels on en mettrait trente de côté, et, grâce à ce *crescendo* irrécusable puisqu'il reposait sur des chiffres, en dix ans on aurait un demi-million. Un homme qui a douze cents livres dans sa poche, et qui aura un demi-million dans dix ans, serait bien impardonnable de se refuser un lit qu'il désire depuis trois ans, surtout quand ce lit ne coûte que huit cents francs. Ce serait être le bourreau de son propre bonheur. Puis d'ailleurs cette réflexion venait en aide à Gérard et le sollicitait doucement :

« Puisque, se disait-il à lui-même, ton lit ne saurait entrer dans ta chambre; puisque, après y avoir longtemps et sérieusement réfléchi, tu reconnais qu'il est presque aussi difficile de faire entrer ta chambre dans ton lit; — puisque tu n'auras un appartement au Marais et dans cet appartement du Marais une chambre de vingt-cinq pieds carrés qu'après la représentation de *Léo Burkart*, — puisque enfin, en mettant toute chose au mieux, — c'est-à-dire à la manière de Candide, — *Léo Burkart* ne sera écrit, répété, représenté que dans trois mois au plus tôt, — je n'ai donc besoin d'acheter le lit que dans trois mois. Oui, mais si d'ici à trois mois un amateur découvre mon lit et l'achète? Bon! pourquoi d'ici à trois mois le lit serait-il vendu, puisqu'il ne l'est pas depuis trois ans? Ce n'est pas une raison, ce qui ne se fait pas en trois ans se fait parfois en trois jours, — en trois heures, - en trois minutes,

— en trois secondes. — Attends ! — attends ! — il y a un moyen, — c'est de payer la moitié du prix du lit, et le reste après la représentation de *Léo Burkart*. Que j'étais bête de n'avoir pas pensé à cela ! »

Et Gérard se rendit incontinent chez son marchand de bric-à-brac, donna quatre cents francs à compte sur le lit, s'engagea à payer les quatre cents autres dans l'année, et cela contre un engagement du marchand de ne pas vendre le lit et de le garder en dépôt de ce jour au trois cent soixante-sixième jour.

Gérard avait la chance de tomber sur une année bissextile ; Gérard tira sa bourse et jeta majestueusement vingt louis sur la table. Gérard, comme tous les fantaisistes, comme Soulié, comme moi, comme Balzac, avait la manie de l'or. L'or n'est pas une valeur complétement idéale ; l'or est, comme le diamant, une matière belle en elle-même, agréable à voir, douce au toucher. Puis, à cette époque, l'or coûtait cinq sous la pièce ; l'or s'achetait ; c'était une supériorité sur l'argent. L'or a perdu à ne plus se vendre une partie de la valeur que lui donnait ce caprice. Puis l'or était un certain thermomètre. On jugeait du succès aristocratique d'une pièce par le nombre de pièces d'or que l'on trouvait dans le tiroir de la location. Vous allez comprendre cela tout de suite, cher lecteur. La location se fait par son domestique, qu'on envoie louer une loge. Supposez un agent de change donnant à son domestique deux louis pour aller louer une loge. Le domestique de l'agent de change, habitué par son maître à l'agiot, entrait chez un changeur, vendait ses deux louis 40 francs 40 centimes, gardait 40 centimes pour lui ! et portait les 40 francs à la location. Il n'avait volé ni la location ni son maître, et avait gagné huit sous. Un domestique de grand seigneur se serait cru déshonoré de faire une pareille vilenie. Il apportait ses deux louis tels qu'il les avait reçus de son maître. Voilà comment, lorsqu'on trouvait une vingtaine de louis dans le tiroir de la location, on pouvait dire : *Succès aristocratique*. Depuis on a inventé la Californie, et il y a beaucoup de gens, il est vrai, qui ne sont point les aristocrates, qui préfèrent maintenant l'argent à l'or.

Gérard jeta donc majestueusement ses vingt louis sur la table. Le marchand plongea son regard dans la bourse de l'acheteur, et vit qu'il y restait une somme plus forte que celle qui venait de s'en échapper.

« Monsieur, dit-il, il est bien malheureux que vous n'ayez point besoin en même temps que ce lit d'un beau bahut. — Comment! je n'en ai pas besoin! dit Gérard, j'en ai le plus grand besoin, au contraire, mais vous n'en avez pas. — Au contraire, monsieur, j'en ai un magnifique. — Où est-il? — Au premier. Voulez-vous le voir? — Je crois bien, que je veux le voir. — Alors faites-moi l'honneur de monter avec moi. »

Gérard monta; le bahut, en effet, était magnifique. Il avait appartenu à Diane de Poitiers, ainsi que le prouvaient les trois croissants dont il était surmonté. C'était un bahut historique.

Gérard est un de ces hommes qui ne savent pas, pour obtenir vingt francs, cinquante francs, cent francs de rabais, faire fi d'une belle chose, allonger dédaigneusement les lèvres et dire: Peuh! Non, il trouva le bahut splendide, il avoua son admiration et sa convoitise. — C'est un tort, Gérard; j'ai d'autant le droit de vous le reprocher, cher ami, que j'en fais autant que vous et que je méprise fort ceux qui font autrement: aussi serons-nous misérables toute notre vie au milieu de lits à colonnes et de bahuts à trois croissants.

« Le prix de ce chef-d'œuvre? demanda Gérard. — Une occasion, monsieur, pour rien vous l'aurez. — Enfin, combien est-ce pour rien? — Six cents francs, monsieur. — Le fait est que ce n'est pas cher: tenez, voilà trois cents francs à compte, mettez le bahut avec le lit. — Vous n'assortirez pas une table avec ces deux pièces? — Oh! si vous en avez une... mais vous n'en avez pas. — Faites-moi l'honneur de passer dans la chambre à côté, et vous verrez une table superbe. — Voyons! »

Et Gérard passa dans la chambre à côté. Là se tenait fièrement sur ses quatre pieds une table autour de laquelle les douze pairs du roi Arthus eussent tenu à l'aise. — Seulement, au lieu d'être ronde, elle était ovale. Mais Gérard, qui est avant tout un admirateur de la forme, préfère naturellement la forme ovale à la forme ronde. Il trouva donc la table tout à fait de son goût.

« Quel est le prix de cette table? demanda-t-il. — Le dernier prix pour ne pas marchander? Là, le prix en conscience? — En conscience, oui. — Trois cents francs. — Hum!... Et Gérard secoua sa bourse. — Monsieur sait qu'il n'a besoin que de donner moitié, dit le marchand de bric-à-brac. — C'est vrai, je n'ai besoin que de donner moitié, murmura Gérard. — Cent cinquante francs. — Cent cinquante francs, oui. — C'est bien peu de chose pour s'assurer la propriété d'un si beau meuble, et surtout qui va si bien avec le lit et le bahut! — En effet, cent cinquante francs : mon Dieu! tenez, voilà les cent cinquante francs, portez la table sur la même liste. » Et Gérard tira cent soixante francs de sa bourse.

« Rendez-moi dix francs, » dit-il. Le marchand fit semblant de chercher dix francs dans sa poche.

« Maintenant, dit Gérard, il n'y a qu'un malheur. — Lequel ? — C'est qu'on sera obligé de s'asseoir sur le lit, sur le bahut et sur la table. — Pourquoi cela, monsieur ? — Parce que je n'ai pas de chaises. — Mais moi, j'en ai, monsieur. — Comment! vous avez des chaises, et vous ne me le dites pas? — Monsieur, je ne suis point un de ces marchands indiscrets qui poussent le client à la dépense. — Où sont-elles, vos chaises ? — Au grenier; on va vous les faire descendre. — Ce n'est pas la peine, parbleu! montons au grenier. »

Il y avait là douze chaises parfaitement assorties, avec un dossier sculpté surmonté d'un écusson, lequel écusson était chargé de trois merlettes.

« Tenez ! dit le marchand, voici des chaises qui, selon toute probabilité, ont appartenu à M. le duc de Guise. — Pourquoi cela ? — Qu'est-ce que ces trois merlettes, sinon les merlettes de Lorraine ? — En effet. Eh bien! ces douze chaises? — Deux cent quarante francs, monsieur. — Oh! oh! — Je n'y gagne pas un sou, parole d'honneur! c'est pour me dire que j'ai eu l'honneur de compléter votre chambre. — Nous disons alors que c'est cent vingt francs que je vous dois. — Cent vingt francs, oui, monsieur. — Voilà vos cent vingt francs. — Vous m'en redevez toujours dix, vous savez. — Dix ? — Oui, qui étaient donnés en plus sur la moitié de la table. — C'est vrai, monsieur. Votre chambre éclairée ainsi enfoncera la chambre du musée de Cluny. — Le fait est qu'elle est bien éclairée. — Avec une belle lampe. — En verre de Venise. — Ou en albâtre. — En albâtre ? — Monsieur, je vous promets que la lumière de l'albâtre est une belle lumière, bien douce aux objets qu'elle éclaire. Tenez, par hasard, j'en ai une; je l'ai achetée avant-hier à une vente. Si monsieur veut venir ce soir, je la suspendrai au plafond; je l'éclairerai, et monsieur verra comme tout gagne à être vu à cette lumière-là. — Je n'ai malheureusement pas le temps ce soir. — Ah diable! — Je pars pour l'étranger. — C'est fatal. — Non, car je me rends bien compte de la lumière de l'albâtre, parbleu! Voyons la lampe. — Attendez! attendez! — Quoi? — Une idée. — Laquelle? — Restez-ici. — Qu'allez-vous faire? — Je vais fermer les contrevents du premier et éclairer la lampe. — Bien! — Je vous appellerai quand ce sera fait. — Allez! — Ne vous impatientez pas. — Je ne m'impatiente jamais. — Asseyez-vous. — Je m'assieds. »

Et Gérard s'assit sur une de ses douze chaises, tira un petit papier de sa poche et se mit à écrire une scène du plan de *Léo Burkart* sur son petit papier. — Gérard a toujours dans ses poches une foule de petits papiers sur chacun desquels il y a une scène de drame ou un chapitre de roman. C'est sa manière de travailler. Il cultive particulièrement la feuille volante, — et il écrit partout, sur un banc des Tuileries, — contre un arbre des boulevards, — à l'angle d'une table de café. Au bout de dix minutes, le marchand de bric-à-brac appela Gérard. Gérard descendit et trouva la lampe suspendue au plafond et répandant sa lumière d'opale sur tout ce monde de bibelots qui fait la ruine des gens à fantaisies.

Tout cela, comme l'avait dit le tentateur, éclairé d'une si merveilleuse façon, que, si Gérard avait eu douze mille francs au lieu de ses douze cents livres, il eût acheté tout le magasin. Pour le moment il se contenta de convoiter la lampe.

Heureusement la lampe n'était que de cent francs. Gérard en donna cinquante, et la lampe fut inscrite à la suite des douze chaises. Gérard sortit avec cent quatre-vingts francs dans sa poche, c'était tout ce qui lui restait de ses douze cents livres. Il était temps, comme on voit, que la chambre du seizième siècle fût complète.

III

En sortant de chez le marchand de bric-à-brac, Gérard était bien décidé à partir le jour même. En conséquence, il se rendit rue Notre-Dame-des-Victoires, aux Messageries royales, où, moyennant vingt-cinq francs, il arrêta sa place pour Nancy. La diligence partait à huit heures du soir, et il ne restait plus qu'une place de banquette. On était arrivé aux derniers jours de septembre, et le temps était rafraîchi;

Gérard pensa fort judicieusement qu'il allait avoir froid sur sa banquette, et songea à s'acheter un vêtement fort confortable qui commençait d'être à la mode et qu'on appelait un paletot. Ce vêtement, déjà connu à Paris, mais des fashionables seulement, était encore ignoré en province. Il n'y avait point à songer à le faire faire, il fallait l'acheter tout fait. Gérard se mit en quête, et dans un magasin de confection trouva un paletot couleur de tabac d'Espagne, qui allait parfaitement à sa taille. Pour la longueur bien entendu: on sait que pour la largeur le paletot va à toutes les tailles. Ce paletot coûta quarante-cinq francs à Gérard.

En sortant de la maison de confection, Gérard rencontra Théophile Gautier et un autre de ses amis. Oh! pardieu, c'était la Providence qui les amenait là; on ne se quitterait pas au moins sans avoir dîné ensemble. C'était tout naturellement le voyageur qui faisait les frais du repas. Gérard emmena ses amis chez Philippe, rue Montorgueil; Gérard connaît les bons endroits. Un jour nous ferons une étude sérieuse sur Philippe, c'est-à-dire sur l'art de bien dîner, mis en pratique par son successeur, un homme de génie, nommé Pascal. Le dîner coûta quarante-cinq francs; quinze francs par tête. Ce n'était certes pas exagéré pour un dîner de départ. Puis on alla prendre le café dehors : si bon que soit le café dans un restaurant, il paraît toujours meilleur, à l'air, sous les arbres, autour d'une table ronde, dans le jardin du Palais-Royal; d'ailleurs, du Palais-Royal à la rue Notre-Dame-des-Victoires il n'y avait qu'un pas.

A sept heures et demie Gérard s'aperçut qu'il allait être temps de se rendre à sa destination; seulement il avait oublié sa malle; il appela un commissionnaire, écrivit un mot pour sa concierge; sa malle, rétablissons les choses dans leur réalité, son paquet épinglé dans une serviette, était sur une chaise de sa chambre à coucher. La concierge n'aurait qu'à remettre le paquet au commissionnaire, le commissionnaire l'apporterait tout courant dans la cour des Messageries; s'il arrivait à temps, il recevrait double course. Huit heures moins un quart sonnèrent, il fallait rompre avec cette sensuelle liqueur du moka qui parle à la fois au goût, à l'odorat et à l'imagination. Qu'on n'aille pas croire que j'en prends; je rencontrerais d'ici à huit jours quatre imbéciles, un tous les deux jours, je cote au plus bas, comme on voit, qui me diraient :

« Ah! ah! vous aimez le café, monsieur Dumas; c'est comme Voltaire, le patriarche de Ferney, il en prenait trois tasses par jour; un de ses amis lui disait : Vous avez tort, c'est un poison. — Un poison lent, répondit il, il y a soixante ans que j'en fais usage. »

Je ne fais donc jamais de café, les imbéciles sont prévenus. En outre, comme on voit, je sais l'anecdote arrivée à M. de Voltaire, il est donc inutile de me la raconter, puisque c'est moi qui la raconte, ce qui prouve que je suis presque aussi bête que ceux dont je crains la bêtise. On attendit douze minutes à peu près dans la cour des Messageries, mais ces douze minutes ne suffirent point au commissionnaire pour aller rue du Cherche-Midi et revenir. L'heure fatale sonna; il fallut monter sur la banquette. Le voyageur s'arracha aux embrassements de ses amis. A peine avait-il pris son équilibre, que la voiture s'ébranla, que les grelots retentirent, que le fouet claqua et que les chevaux partirent au grand trot.

Dans ce moment suprême de départ, Gérard entendit un bruit de voix qui l'appelait; il vit des bras indicateurs qui se tournaient les uns vers lui, les autres vers la porte donnant sur la rue des Victoires; il allongea le cou pour essayer de voir ce qui se passait de ce côté, et il crut, comme à travers un nuage, distinguer un homme levant un paquet blanc et tombant sans haleine et sans force, pareil au Grec venant annoncer la bataille de Marathon. Mais on sait de quel train marchaient autrefois les diligences tant qu'elles étaient dans la ville. Gérard ne put obtenir du conducteur d'attendre le commissionnaire. Le commissionnaire ne put obtenir de ses jambes d'atteindre la diligence. De sorte que Gérard partit sans paquet.

Il y a dans Gérard un grand fonds de philosophie et d'optimisme qui tient à la fois à son excellent cœur et à son bon estomac; Gérard réfléchit qu'avec un pantalon de drap noir, un gilet de demi-saison, un habit noir et un paletot tabac d'Espagne, on est bien reçu partout. Quant aux chemises, dans les plus petites villes de province et même à l'étranger, on trouve des chemises toutes faites. Gérard achèterait des chemises toutes faites, c'est un moyen d'avoir toujours du linge blanc, certitude qu'on n'a pas toujours avec les blanchisseuses. Les blanchisseuses sont si inexactes! Sans compter que s'il manque un bouton à votre chemise, la blanchisseuse ne le rend pas pour la couronne de

France. — Vous connaissez une blanchisseuse qui coud les boutons ? Alors envoyez-la-moi, je lui payerai son blanchissage double.

On restait deux jours et deux nuits en route, autant que je puis me le rappeler, pour aller à Nancy; en arrivant, notre voyageur eut donc à mettre en pratique sa théorie des chemises neuves. Nancy est le pays de la toile. La marchande, qui était jolie, parvint à convaincre Gérard qu'une chemise de toile de dix francs était moins chère qu'une chemise de calicot de cinq. Il hasarda timidement qu'à Paris, ville de luxe et d'économie, on faisait les devants en toile et le reste en calicot; mais il lui fut répondu en souriant que ces misères-là étaient bonnes pour Paris, mais qu'en province on avait encore le bonheur de les ignorer. Gérard laissa ses dix francs sur le comptoir et emporta sa chemise. Une idée le préoccupa pendant tout le trajet parcouru du magasin de la belle marchande à l'hôtel du roi Stanislas : c'était la légèreté de sa bourse. Il demanda une chambre, et une fois entré dans cette chambre, il prit une chaise, la traîna devant une table, s'assit devant cette table, tira sa bourse de sa poche et la retourna sur cette table. Il en tomba quarante-trois francs.

« Comment, quarante-trois francs ! dit Gérard, c'est impossible. »

Il recommença de compter. Il trouva quarante-trois francs toujours.

« Voyons donc, voyons donc, continua-t-il, que veut dire cela ? m'aurait-on volé pendant que je dormais ? Non, car, comme mon argent est dans une bourse, on m'aurait volé le tout à la fois et la bourse avec. Garçon ! » Le garçon ne vint point, Gérard sonna. Le garçon parut.

« Garçon, une plume, de l'encre et du papier. » Le garçon reparut au bout de cinq minutes avec les objets demandés. Gérard prit vivement plume, encre, papier, et se mit à aligner des chiffres.

« Voyons cela, répéta-t-il. Il me restait cent quatre-vingts francs. Bon.

Place à la diligence. . . . . 25 fr.
Paletot 45

Voyons, voyons. Ah !

Dîner chez Philippe 45

Le dîner était excellent ; je ne regrette pas mes quarante-cinq francs. Ensuite.

Au garçon 1
Café et liqueurs. 3

Eh ! eh ! il me semble que cela commence à monter.

Au commissionnaire... je ne lui ai rien donné, au commissionnaire ; je devais, il est vrai, lui payer sa course double, s'il pouvait me rejoindre ; il ne m'a pas rejoint, c'est une économie... Voyons, voyons. Ah !

  Deux déjeuners 5

  Un dîner. 3

Ils n'étaient pas bons, les déjeuners et les dîners ; et quand je pense cependant que, quand je reviendrai d'Allemagne, je les trouverai excellents...

  Enfin ! une chemise. 10

Elle était jolie, la lingère. Voyons le total. Cinq et cinq dix, et cinq quinze, et trois dix-huit ; je me trompe, dix-neuf, c'est la lingère qui me trotte dans la tête, et trois dix-neuf, et cinq vingt-quatre, et trois vingt-sept, je pose sept et je retiens deux. Deux et deux quatre, quatre et quatre huit et quatre douze... qu'est-ce que je dis ? Voyons, douze et une treize . . . . . . 137 fr.

Qui de cent quatre-vingts paye cent trente-sept, reste juste quarante-trois ; c'est étonnant, je n'aurais jamais cru cela. . . . . 43 fr.

Bah ! avec quarante-trois francs on va au bout du monde, et comme je n'ai plus guère que soixante à quatre-vingts lieues à faire, je les ferai bien, que diable ! Dix sous par lieues, c'est cinq sous de plus qu'il n'est alloué aux militaires. Seulement les militaires vont à pied, et si je fais mes soixante lieues à pied, j'en ai pour dix ou douze jours. Et Dumas qui m'attend ! Bon, allons en voiture ; si je manque d'argent, au bout du compte, je m'arrêterai où l'argent manquera. *Nobis ubi defuit orbis*, comme dit Regnard. J'écrirai à Dumas de m'en envoyer. »

Gérard ressonna le garçon. Le garçon reparut.

« Garçon, le prix des places ? — Pour quel pays, monsieur ? — C'est juste, pour Strasbourg. — Des premières, bien entendu ? — Non, de toutes, et surtout des cabriolets, l'intérieur me fait mal, j'aime le grand air. — Monsieur, c'est quinze francs, douze francs et dix francs. — Merci, garçon. » Le garçon sortit.

« Allons, il s'agit de partir ce soir, dit Gérard; j'avais cependant bien envie de visiter la capitale du roi Stanislas; mais, bah! je la visiterai à mon retour. » Gérard dîna à table d'hôte et partit après le dîner. Le dîner et la chambre lui coûtaient quatre francs; c'étaient, avec les dix francs de la place, quatorze francs enlevés à la masse. Restaient vingt-neuf.

« Monsieur, avait dit le garçon en présentant son chapeau à Gérard, monsieur, vous oubliez le garçon. — Mon ami, je vous écrirai, » avait répondu Gérard, et il était parti. Le lendemain il déjeuna, — deux francs. Restaient vingt-sept lorsque la voiture s'arrêta dans la cour de la diligence à Strasbourg.

« Comme c'est heureux que je n'aie point de malles! dit Gérard, c'était encore dix sous au moins à donner à un commissionnaire, tandis que j'ai ma chemise sale dans ma poche, et qu'avec quatre sous je la ferai laver. Voyons, où logerai-je? — hôtel du Corbeau, je n'ai pas de préférence, d'ailleurs le nom me plaît, logeons hôtel du Corbeau. »

Et Gérard entra dans l'hôtel du Corbeau. Gérard resta trois jours à Strasbourg. Il y a tant de choses à voir à Strasbourg! et de si belles choses surtout! rien que la cathédrale, il faudrait un mois pour la voir comme elle mérite d'être vue. Enfin Gérard songea à partir et demanda la carte. Le garçon lui monta la carte. Gérard y jeta les yeux; elle montait à dix-neuf francs. En visites à la cathédrale, en pourboires aux cicérones, en petits pâtés, en saucissons et en cnakwurch, pardonnez-moi, chers lecteurs, si je n'écris pas correctement le nom de cette charcuterie, Gérard avait dépensé onze francs. Gérard était en déficit de un franc.

« Pourriez-vous me changer un billet de mille francs? demanda-t-il à l'hôtelier. — Oh! monsieur, répondit courtoisement celui-ci, ce n'est point la peine. » Gérard n'insista pas. « Monsieur, dit le garçon, n'oubliez pas le garçon, s'il vous plaît. — Mon ami, dit Gérard, je t'écrirai en même temps qu'à ton confrère de Nancy. » Et il alla s'informer du prix des bateaux jusqu'à Francfort. C'était une affaire de vingt-cinq francs. Gérard sourit, leva les épaules et jeta un regard reconnaissant vers le ciel.

« Comme on a tort de s'inquiéter! dit-il; le temps s'est radouci, il fait un soleil de juin, je vais vendre mon paletot, qui m'est devenu inutile, et avec les trente francs qu'on m'en donnera, j'irai rejoindre Dumas à

Francfort. Une fois à Francfort et avec Dumas, je n'ai plus à m'occuper de rien. Allons vendre mon paletot. » Et Gérard entra chez le premier fripier qu'il rencontra sur sa route.

« Tenez, dit-il en jetant sur la table son paletot qu'il portait négligemment sur le bras, je voudrais vendre ce vêtement qui m'est devenu inutile à cause de la chaleur. Ouf! qu'il fait chaud! » Et Gérard s'essuya le front, sans s'apercevoir qu'il s'essuyait le front avec sa seconde chemise au lieu de l'essuyer avec son mouchoir. Le fripier développa le vêtement, comme disait Gérard, avec une curiosité qui lui sembla de bon augure.

« Quelle diable d'affaire est cela? demanda l'industriel, ce n'est ni un habit ni une redingote... — Non, mon ami, répondit Gérard avec une condescendance parfaite pour l'ignorance de cet homme, c'est un vêtement de demi-saison qui vient d'être inventé pour l'automne, qui est fort bien porté à Paris et qui s'appelle un *paletot*. — Plaît-il? — Un pa-le-tot. Le fripier secoua la tête. — Que voulez-vous que je fasse de cela? dit-il. — Comment, ce que je veux que vous en fassiez! mais que vous profitiez du désir que j'ai de m'en défaire en me l'achetant. — Mauvaise affaire, monsieur. — Comment, mauvaise affaire? — Oui, on sera plus d'un an à porter de ces histoires-là à Strasbourg; c'est de l'argent qui dormira pendant un an. — Qu'importe que l'argent dorme pendant un an, si après douze mois de sommeil il rapporte cent pour cent? répondit sentencieusement Gérard. — Et combien voulez-vous de cela? reprit le fripier avec le plus profond mépris. — Dame! il m'a coûté quarante-cinq francs dans le premier magasin de confection de Paris. »

Gérard avait l'âme trop candide pour mentir d'un denier.

« Quarante-cinq francs! répéta le fripier; en voulez-vous de pareils pour trente? — Mais je croyais que vous ne connaissiez pas le paletot à Strasbourg; comment pouvez-vous me vendre ce que vous ne connaissez pas? — Oh! on vous le confectionnera exprès sur le modèle du vôtre, ce n'est pas si difficile. — Puisque je vous offre celui-là, c'est que je n'éprouve aucunement le besoin d'en acheter un autre. — Et puis la couleur. — Comment! la couleur? Tabac d'Espagne. Vous ne trouvez pas la couleur tabac d'Espagne distinguée, vous? — Peuh! — Vous êtes difficile. » Gérard arracha son paletot des mains du fripier dépréciateur et fit quelques pas vers la porte. « Voyons, dit le fripier, je vous en donnerai cinq francs. » Gérard jeta un cri où la honte se mêlait à la colère. « Six francs, dit le fripier, je vois que vous êtes dans la peine, jeune homme. » Gérard se retourna. « Dans la peine, moi? Oui, c'est vrai, j'ai celle d'avoir fait votre connaissance. Au revoir, cher ami. — Allons, dit le fripier, venez chercher sept francs et donnez-moi votre paletot. — Dix francs, pas un sou de moins, » dit Gérard.

Le fripier lui tourna le dos en sifflant l'air du maréchal de Saxe.

« Vous avez dit huit francs, je crois, dit Gérard en se retournant. — J'ai dit sept francs et pas un sou avec. — Tenez, je tiens à vous prouver que je n'ai pas besoin d'argent, dit Gérard, prenez-le. » Et il jeta le paletot sur la table.

Le fripier lui compta sept francs en sous et en pièces de dix sous.

Gérard les prit et partit à pied pour Baden-Baden, où il arriva à cinq heures, après avoir traversé le pont de Kehl. Il redescendit à l'hôtel du Soleil. Il était fatigué des sept ou huit lieues qu'il avait faites. Le pays était beau, le pays était bon, l'hôte avait la figure ouverte. Gérard résolut de m'écrire.

En conséquence de cette résolution, je reçus la lettre plus haut citée, dans laquelle Gérard me prévenait de la situation précaire où il se trouvait, et me priait de lui envoyer de l'argent, en lui donnant avis de l'envoi soit à l'hôtel du Soleil à Baden, soit à l'hôtel du Corbeau à Strasbourg. Nous expliquerons dans le chapitre suivant pourquoi Gérard nous donnait cette double adresse.

IV

Voici pourquoi Gérard m'avait donné les deux adresses. Il avait pensé que je tarderais peut-être pendant quelques jours à lui envoyer l'argent dont il avait besoin. Il s'était ménagé en manière de distraction une promenade de sept lieues entre Baden et Strasbourg. La manière honorable dont il avait quitté l'hôtel du *Corbeau* lui permettait, si mal garni que fût son gousset, d'y retourner, sinon à titre d'hôte, du moins à titre d'ami.

En effet, dès le jour même où la lettre fut écrite et mise à la poste, Gérard fut tourmenté du mal de l'attente. Pour fuir l'ennui, Gérard, dès le lendemain après déjeuner, résolut d'aller faire une promenade à Strasbourg. Il était bien sûr que l'ennui ne monterait point en croupe et ne chevaucherait pas avec lui, il allait à pied. Il mit pour aller de Baden à Strasbourg une demi-heure de moins qu'il n'avait mis pour aller de Strasbourg à Baden. Peu lui importait, il n'était pas pressé.

Il arriva vers cinq heures à l'hôtel du Corbeau ; il entra comme un vieil ami ; le bon Strasbourgeois le reçut franchement, lui offrit de se mettre à table. Gérard accepta. Pendant le dîner, Gérard laissa entrevoir qu'il était venu dans le but d'étab'ir un chemin de fer de Strasbourg à Baden ; ce voyage qu'il venait de faire à pied était une façon de constater par le nombre de pas le nombre de mètres qu'il y avait d'une ville à l'autre.

L'hôte prêta l'oreille ; c'était une grande affaire pour lui que le chemin de fer projeté : en doublant le nombre des voyageurs, il doublait naturellement le profit des aubergistes. Aussi, toujours à titre d'ami, l'hôte offrit-il à coucher à Gérard, qui accepta. Le lendemain, Gérard prévint son hôte qu'il arriverait sans doute une lettre chargée à son adresse ; il le priait de la lui conserver avec soin, cette lettre devant contenir des valeurs considérables. Après laquelle considération il se remit en route pour Baden.

A Baden, il fut reçu comme l'enfant prodigue ; le maître de l'hôtel du Soleil le croyait assassiné. Dire qu'on tua un veau exprès pour Gérard serait trop dire, mais ce que l'on peut affirmer, c'est qu'on lui servit deux excellentes côtelettes empruntées à un veau tué la veille. C'est un si charmant garçon que cet adorable enfant de quarante ans qu'on appelle Gérard, que tout le monde l'aime. Le lendemain, Gérard erra toute la journée dans les environs, qu'il trouva charmants. Il vivait dans la confiance la plus absolue et la tranquillité la plus complète, et comptait sur moi, comme en pareille circonstance j'eusse compté sur lui.

En effet, j'avais reçu sa lettre, et voilà ce qui était arrivé. Le même jour, à table d'hôte de l'Empereur romain, où je dînais tous les jours ou à peu près, et où, par conséquent, j'avais fait quelques connaissances, j'élevai la voix en disant :

« Messieurs, qui est en communication assez directe avec Strasbourg pour me donner le moyen de faire parvenir au meilleur marché possible cent cinquante francs ?

— Moi, monsieur, répondit un Français, charmant compagnon, dont j'avais plusieurs fois remarqué l'esprit et l'entrain. — Comment cela, s'il vous plaît? — Rien de plus simple. Je suis M. Eloi; mon père, que je représente ici, est entrepreneur des Messageries de Paris, et à ce titre se trouve en relations avec M. Elgé, entrepreneur des Messageries à Strasbourg. Donnez-moi vos cent cinquante francs, et je vous donnerai en échange un bon sur M. Elgé.

Cela m'allait à merveille, je tirai les cent cinquante francs de ma poche et les donnai à M. Eloi, qui, en échange, prit un papier et écrivit dessus un bon de cent cinquante francs payable à vue, à Strasbourg, sur M. Eloi. J'envoyai la lettre chargée à Strasbourg, et je dirigeai la lettre d'avis à Baden. Gérard allait tous les jours à la poste, et demandait en excellent allemand :

« *Haben sie Briefe fur mich?* Ce qui voulait dire : Avez-vous des lettres pour moi? »

Ce à quoi l'employé de la poste répondait laconiquement : *Nein*. Sur laquelle réponse Gérard se retirait la tête basse. Mais bientôt il relevait la tête en disant : « Bah! je suis sûr que Dumas ne me laissera point dans l'embarras. » Un beau matin, au lieu de répondre *nein*, l'employé répondit *ja*.

« La lettre est-elle écrite en français ou en allemand? demanda Gérard dans le plus pur saxon. — En français, répondit l'employé. — Je ne comprends pas le français, dit Gérard, soyez assez bon pour me la traduire. »

Les Allemands sont peu communicatifs, mais d'une complaisance extrême; l'employé décacheta la lettre, et lut à Gérard l'avis suivant :

« Mon cher Gérard, si, par hasard, c'est à Baden-Baden que vous recevez cette lettre, partez à l'instant pour Strasbourg, vous trouverez dans une lettre à vous adressée à l'hôtel du Corbeau une traite de 150 fr. souscrite par M. Eloi, directeur des Messageries. Comme j'espère que rien ne s'opposera plus à votre départ, je vous attends lundi ou mardi prochain. Tout à vous,   A. Dumas. »

Gérard écouta avec le plus grand sang-froid, et en excellent français :

« Merci, monsieur, dit il; c'est huit sous que je vous dois. Je vais chercher mon argent à Strasbourg, et à mon retour mon premier soin sera de m'acquitter envers vous. »

Et avant que l'employé ne fût revenu de sa surprise, Gérard était parti pour l'hôtel du Corbeau, sans juger à propos de prévenir l'hôtel du Soleil de son départ.

L'hôtel du Corbeau l'accueillit sa lettre chargée à la main. Gérard ouvrit la lettre, trouva la traite, s'enquit de l'adresse de M. Elgé et s'achemina vers le bureau des Messageries. M. Elgé était chez lui. Gérard lui présenta la traite avec le sourire confiant de l'homme qui ne doute pas qu'il doit faire honneur à la signature d'un correspondant.

M. Elgé, de son côté, prit un air gracieux. Seulement l'air confiant de Gérard n'éprouva aucune altération, tandis que l'air gracieux de M. Elgé s'effaça peu à peu, et Gérard commença de remarquer avec une certaine inquiétude qu'à mesure que le sourire s'exilait de ses lèvres, son front, comme un ciel qui se couvre, se chargeait de nuages.

« Monsieur, demanda M. Elgé d'une voix presque sévère, de qui tenez-vous cette lettre ? — Mais vous le voyez, de M. Dumas. — Monsieur, nous n'avons aucun argent à M. Eloi; il n'a donc aucun droit de tirer sur nous, et si, à défaut de son droit, il a compté sur ma complaisance, il a eu tort. »

Et M. Elgé rendit à Gérard la traite de M. Eloi. Le surlendemain, je reçus la traite, qui me faisait retour, accompagnée de ces dix vers, que je n'ai pas encore oubliés, quoiqu'il y ait tantôt seize ans qu'ils m'aient été adressés :

>En partant de Baden hier, j'avais songé
>Que, par M. Hirvoix, ou par M. Hypgé,
>Je pourrais, retrouvant des ressources meilleures,
>Au bateau d'Ifelsheim m'embarquer vers six heures,
>Et je m'acheminai dans cet espoir si beau
>De l'hôtel du Soleil pour l'hôtel du Corbeau;
>Mais à Strasbourg le sort ne me fut pas prospère :
>Hirvoix fils avait trop compté sur Hirvoix père,
>Et je repars, pleurant mon destin sans pareil,
>De l'hôtel du Corbeau pour l'hôtel du Soleil.

Pas un mot de plus, pas un mot de moins. Seulement la poésie de mon ami Gérard était claire et concise comme de la prose. Je fis demander à M. Eloi s'il voulait bien me recevoir. Il était chez lui ; je lui présentai la lettre de Gérard et sa traite refusée. — Il haussa les épaules.

« C'est vrai, dit-il, je n'avais aucun droit de tirer sur M. Elgé, si ce n'est d'être le fils d'un homme en relations d'affaires avec lui depuis quinze ans. J'aurais cru qu'il aurait le bon goût de vous rendre ce service, il ne l'a pas fait, je vous en demande pardon pour lui. Mais ces diables de négociants, on ne peut jamais compter sur eux. » Puis il alla à son secrétaire. « Monsieur, me dit-il, voilà vos cent cinquante francs ; j'ai le profond regret de n'avoir pu vous être utile ; j'en eusse été fier et heureux ! »

Je ne pouvais que remercier M. Eloi, en répétant avec lui : « Ces diables de négociants ! »

Et j'allai tout bonnement prier le directeur du bateau à vapeur de faire remettre les cent cinquante francs argent, à M. Gérard de Nerval, à Baden, hôtel du Soleil. C'était défendu. J'allai trouver le directeur de la diligence. Ce n'était point permis. Je m'enquis à la poste. Voici le moyen que le buraliste me donna :

« Prenez un sept de carreau, collez avec de la cire rouge sept louis sur la carte, déclarez à la poste ce qu'elle contient, et affranchissez.

— Mais l'affranchissement va me coûter la rançon d'un roi. — Non, il y a un tarif. »

Cela revenait à peu près à un thaler. Je pris un sept de carreau, je collai sur chaque carreau un louis avec de la cire rouge, je mis sur l'adresse : « A monsieur Gérard de Nerval, hôtel du Soleil, à Baden-Baden, » et j'affranchis.

Trois jours après, cent cinquante francs payés au maître de l'hôtel du Soleil et huit sous remboursés à l'employé de la poste, m'arrivait nu-tête et sans paletot. Nous savons tous ce qu'était devenu le paletot, je ne pus jamais savoir ce qu'était devenue la casquette.

V

Nous fîmes notre drame dans les conditions que j'ai dites, puis, notre drame fini, nous nous mîmes en route pour revenir en France. Nous passâmes par Mannheim et Heidelberg. Puis nous séjournâmes, en mémoire des événements qui s'y étaient passés, deux jours à l'hôtel du Soleil et deux jours à l'hôtel du Corbeau. Enfin, nous arrivâmes à Paris, et là commencèrent nos tribulations.

Le pauvre Harel s'approchait de plus en plus de sa chute, il était comme un chêne ébranlé d'avance, qui sait qu'il ne faut qu'une secousse pour le faire tomber ; il n'avait plus foi en personne, conviction en rien. Il n'osa faire aucune dépense pour *Léo Burkart*, il amoindrit rogna, émonda la pièce ; d'un chêne touffu il fit un peuplier prêt à plier au moindre vent. Et cependant, malgré tout cela, la pièce réussit. Tout ce que je me rappelle de la représentation, c'est que Théodorine, depuis madame Mélingue, y fut excellente. Le reste se perd dans les nuages grisâtres du passé.

Mais ce que je n'ai pas oublié, c'est le charme d'un voyage fait avec un homme comme Gérard. Calme, doux, instruit, il y a dans le tempérament de Gérard quelque chose de tendre et de charmant qui ressemble à une émanation de femme. On ne sera donc point étonné de ce que j'ai dit au commencement de cet article, à propos de l'excellent souvenir que m'avait laissé ce voyage, fait cependant dans des conditions bien tristes pour moi, puisque je venais de perdre ma mère. Il paraîtra donc tout simple qu'en repassant par Strasbourg j'aie été prendre mon gîte à l'hôtel du Corbeau. Enfin, tout le monde comprendra que, n'ayant vu la cathédrale que trois fois, je retournais la voir une quatrième.

J'arrive enfin au sujet qui m'a fait prendre la plume. Qu'on creuse le détour qu'a fait tout à coup et sans autre raison que son caprice le fleuve de mon imagination. J'étais au beau milieu de la place, en contemplation devant ce géant de granit, dont la tête, inférieure de onze pieds au sommet de la grande pyramide d'Égypte, la dépasse aujourd'hui de treize, depuis que l'air du temps, le soleil dévorant du Caire et le vent du simoun l'ont abaissée de vint-quatre pieds.

Notre ami Ampère, un des savants les plus hommes d'esprit et un homme d'esprit des plus savants qu'il y ait, constate en quelques mots cette victoire de l'Europe sur l'Afrique et de Jésus sur Osiris :

« Certes, dit-il, si en 1439 on eût connu en Europe la véritable élévation de la grande pyramide, il est à croire que Jean Hültz, qui termina cette année le chef-d'œuvre d'Erwein Steinbach, aurait ajouté douze pieds à la hauteur de son monument, pour que la flèche aérienne de l'église gothique dépassât dans les cieux la pointe du colossal édifice d'Orient ; le temple du Dieu des chrétiens l'emporterait sur le tombeau des Pharaons, le moyen âge sur l'antiquité, la France sur l'Égypte ; le temps a diminué de vingt-quatre pieds environ la hauteur totale de la pyramide, et, dans son état actuel, elle est moins élevée que la tour de Strasbourg. »

Aussi, de même que les Espagnols réclament Gil Blas, les Allemands réclament-ils la flèche de Strasbourg.

Cette fois, c'est l'auteur de *Werther* et du *Comte d'Egmont* qui met la cathédrale de Strasbourg sous le manteau de Faust, et qui la transporte de l'autre côté du Rhin. Beaumarchais n'avait donc pas si grand tort de dire que, si on l'accusait d'avoir volé les tours de Notre-Dame, il commencerait par prendre la fuite.

Voici de quelle façon Gœthe essaye de nous faire ce petit larcin qui ne mérite pas qu'on en parle :

« Je m'amusais souvent, raconte-t-il, à visiter le Munster, frappé de plus en plus de trouver dans ce monument la réunion de deux qualités qui semblent s'exclure : l'agrément et le grandiose ; je me livrais à des recherches sur sa construction ; le résultat fut de me convaincre — que notre patrie avait le droit de revendiquer les beautés de cet étonnant édifice, et que ce qu'on appelait improprement l'architecture gothique était un art né en Allemagne : je composai alors et à ce sujet une petite dissertation, pour établir les titres de notre nation à cette gloire, et Herder l'inséra dans son écrit intitulé *les Productions de l'Art en Allemagne.* »

Nous n'avons pas lu cette petite dissertation, mais nous osons affirmer que, malgré le génie du poëte de Francfort, la cathédrale de Strasbourg restera un monument français.

J'étais donc là, comme je le disais, planté au beau milieu de la place, et ne m'apercevant pas que, mon incognito trahi, la foule s'amassait autour de moi, lorsqu'un homme traversa le cercle des curieux, et s'avançant poliment vers moi, le chapeau à la main :

« Monsieur, me dit-il, on m'assure que vous êtes Alexandre Dumas ? — Hélas, monsieur, répondis-je, il y a quelque chose comme quarante-cinq ans que je me l'entends dire. — Puis-je espérer que vous me ferez l'honneur de visiter ma maison? Je serais heureux de vous faire voir quelques statues de mon beau-père, qui ont eu le bonheur d'attirer les regards et de mériter les suffrages de MM. Horace Vernet et David (d'Angers). Vous connaissez ces messieurs, je présume? — Tous deux me font l'honneur de m'appeler leur ami. — Raison de plus alors, monsieur, pour que j'insiste. — Seulement, monsieur, je désirerais savoir à qui j'ai l'honneur de parler? — A un homme fort inconnu, je m'appelle M. Gros, mais je suis le gendre du statuaire Ohmacht. »

Le nom me frappa, je l'avais entendu en effet prononcer par David, qui appelait Ohmacht le Corrége des statuaires.

« Je suis tout à vos ordres, répondis-je à M. Gros. Je connais M. Ohmacht de nom, mais je n'ai jamais vu aucune de ses œuvres. Il est mort, je crois, il y a peu de temps. — Depuis 1834, monsieur; sa fille, qui est ma femme, vit, et se fera une joie et un honneur de vous recevoir. — Allons, monsieur Gros, allons ! »

Nous entrâmes, place de la Cathédrale, dans une maison marquée du numéro 4.

Là, effectivement, se trouvait une véritable galerie, un splendide musée, presque entièrement sorti du Phidias alsacien. D'abord, une Hébé, que l'on croirait retrouvée dans quelques fouilles d'Athènes ou de Corinthe, statue en marbre de Carrare, de grandeur naturelle. La déesse est à genoux : elle tient d'une main une coupe et de l'autre un vase ; les bras et une des jambes seulement sont nus. C'est un ensemble pur, naïf et plein de sentiment. Aussi cette statue passait-elle pour être le chef-d'œuvre du pâtre de la forêt Noire. Comment le pâtre de la forêt Noire en est-il arrivé à être un grand statuaire dont nous nous occupons? C'est la question que nous fîmes comme le lecteur nous la fait. Nous lui raconterons tout à l'heure ce que madame Gros nous a raconté.

Puis une autre Hébé de même grandeur et en marbre, qui ne différait de la première que par quelques détails, caprices du sculpteur.

Puis un buste en albâtre de Klopstock, auteur de la Messiade, buste de demi-grandeur. L'albâtre était la matière d'Ohmacht : peut-être y avait-il dans la pureté, dans la transparence de la matière, quelque chose qui le séduisait.

Je m'occupais beaucoup de Klopstock à cette époque, où je me préparais à écrire les cinq premiers volumes d'*Isaac Laquedem*. J'avais à lutter contre le poëte saxon, ou plutôt j'avais à l'étudier et à l'admirer.

Puis une Vierge tenant l'Enfant Jésus dans ses bras, petit groupe toujours en albâtre, ravissant de grâce, et de trente-cinq centimètres seulement de hauteur. Celui-là, c'était un ouvrage de la jeunesse de l'auteur : aussi y retrouve-t-on un reste de la naïveté de l'ouvrier se mêlant déjà à la science de l'artiste.

Deux portraits d'enfant, deux bijoux en albâtre : un de ces portraits était celui de son fils, que madame Gros tenait entre ses genoux, en lui lissant, comme font les mères, ses cheveux sur son front.

L'*Hermaphrodite*, copie de la belle hôtesse du palais de Farnèse, couchée mollement sur son matelas, seulement réduite d'un tiers à peu près. On ne saurait dire ce que l'albâtre ajoute, par sa transparence, de charme à cette figure.

Vénus sortant du bain, copie en marbre de la Vénus antique.

L'Antinoüs, haut-relief, copié comme la Vénus sortant du bain, et reproduisant le génie d'un de ces maîtres inconnus qui sont l'étonnement et l'admiration du monde depuis trois mille ans.

Enfin une Junon Ludovici, le moins important de tous ces ouvrages et qui est encore une merveille.

A côté et autour de ces statues étaient d'autres chefs-d'œuvre de peinture.

Une Agar consolée par l'ange, d'Annibal Carrache, et qui venait de ce fameux cardinal de Rohan qui joue, comme instrument de Cagliostro, un si terrible rôle dans notre roman du *Collier de la Reine*.

Un *Ecce Homo* du Titien, provenant de même source.

Un camée antique représentant Jupiter.

Un manuscrit de Lavater.

Enfin mille choses plus précieuses les unes que les autres.

Nous passâmes une heure en contemplation devant ces différents objets. Puis je demandai à madame Gros cette histoire de son père, qui m'avait paru avoir tant de ressemblance avec celle de Giotto.

Il y avait en 1777, dans la ville impériale de Rottwheil, un vieux bourgmestre nommé Gassner, faisant en conscience son état de bourgmestre, c'est-à-dire affable aux riches, bon aux pauvres, juste à tous ; artiste, en somme, au fond de sa bonhomie. Un jour, on lui annonça la visite d'un paysan de la forêt Noire. Le bourgmestre avait beaucoup de choses à faire ce jour-là, de sorte que la visite lui était gênante ; il lui fit demander s'il ne pouvait pas revenir un autre jour. Le paysan ne demandait pas mieux, seulement il faisait observer au bourgmestre qu'il venait de quinze lieues, qu'il allait en faire quinze pour s'en retourner, ce qui ferait trente ; qu'il en aurait quinze à faire pour revenir, ce qui ferait quarante-cinq, enfin quinze autres à refaire encore pour s'en retourner, total soixante! En somme, un homme de la forêt Noire ne reculait pas devant soixante lieues. Cependant le solliciteur, si le bourgmestre pouvait lui en épargner moitié, lui en serait reconnaissant. Le bourgmestre lui fit demander son nom ; il s'appelait Nicolas Ohmacht! Le nom était complètement inconnu de maître Gassner. Il lui fit demander le but de sa visite. Il venait pour lui demander un conseil. Maître Gassner ne pouvait plus faire l'aumône quand sa bourse était vide, mais il pouvait toujours donner un conseil, sa tête étant un puits de sagesse.

« Faites entrer Nicolas Ohmacht, » dit-il enfin. On introduisit le paysan. Celui-ci entra, roulant son chapeau entre ses doigts et saluant comme saluent les paysans de l'Opéra-Comique. — Eh bien ! lui demanda le bourgmestre, me voilà ; que veux-tu ? — Ce que je veux, monsieur le bourgmestre ? — Oui, je te le demande. — Eh bien ! c'est un conseil. — Je le sais. Seulement, sur quoi dois-je te donner un conseil ? — Oh ! monsieur le bourgmestre, je vais vous le dire. Vous, qui êtes plus savant que moi, vous savez peut-être ce que l'on peut faire d'un coquin d'enfant qui ne veut rien faire. — Et ce coquin d'enfant est à vous ? — Pour mon malheur ; si ma femme n'était pas la plus honnête femme des environs, je dirais que je ne suis pas son père, qu'il est le fils de quelque garnement qui faisait halte dans le pays, de quelque vagabond qui passait dans le village. Oh ! qu'on est malheureux d'avoir de pareils fléaux dans les familles, monsieur le bourgmestre! — Voyons ! voyons ! Calmons-nous, père Nicolas. — Ça vous est bien aisé à dire, monsieur le bourgmestre. — Et comment s'appelle-t-il ce gaillard-là ? — Sauf votre respect, il s'appelle Lœndolin, monsieur le bourgmestre. — Et que fait-il ? — Il ne fait rien. Voilà bien la chose dont je me plains. — Quel âge a-t-il ? — Il y a douze ans que, pour la pénitence de nos péchés, sa mère l'a mis au monde. — Il n'y a pas encore de temps perdu, mon ami. A douze ans on ne peut pas exiger grand'chose d'un enfant. — Mais c'est-à-dire, monsieur le bourgmestre, que de celui-là on ne peut encore rien exiger du tout. Il est capable, voyez-vous, de vous confondre de la graine de chou avec de la graine de navet. — S'il n'y a encore que cela, mon ami, moi qui ai cinquante-cinq ans de plus que lui, je ne répondrais pas de ne point tomber dans la même erreur. — Comment ! vous ne savez pas que la graine de navet est petite, jaune, ronde? — Non, mon ami, je ne savais pas cela. Ecoutez-moi bien, père Nicolas : chaque homme naît avec certaines aptitudes, c'est aux parents de distinguer les dispositions de l'enfant et de le pousser dans la voie mystérieuse que lui a préparée le Seigneur. — Mais lui, monsieur le bourgmestre, ma parole d'honneur, il briderait un cheval par la queue. — C'est qu'il n'est pas né pour être écuyer. C'est comme moi, mon ami, j'ai essayé trois fois de monter à cheval, et trois fois le cheval m'a jeté à terre. — Mais enfin, monsieur le bourgmestre, vous garderiez bien les vaches dans une pâture? — Oh ! oui, si toutefois quelque distraction ne me faisait pas tourner la tête d'un autre côté. Votre fils est-il distrait ? — Qu'est-ce que c'est que ça, *distrait?* — Je demande s'il pense à autre chose qu'à ce que vous lui commandez de faire?— Certainement qu'il pense à autre chose. — A quoi pense-t-il? — Il pense à tailler des images en bois, et pendant ce temps-là les bêtes fourragent chez les voisins, et c'est le père Ohmacht qui paye les amendes. — Et ces images en bois, en avez-vous, par hasard? — Si j'en ai! Oh ! je dois en avoir. Il y en a partout dans la maison, et je crois que j'en ai fourré une ou deux dans ma poche, afin de vous montrer si ce n'étaient pas des tentations du diable. — Montrez, père Nicolas, montrez. »

Et le paysan tira de sa poche deux charmantes figurines sculptées au couteau, comme ont l'habitude d'en faire les pâtres de la forêt Noire, seulement celles-là étaient d'une exécution et d'un sentiment supérieurs.

« Oh ! oh ! fit le bourgmestre ; c'est votre fils qui fait cela? — Oui, le scélérat, depuis le matin jusqu'au soir, quoi ! c'est-à-dire qu'on ne peut pas en tirer autre chose. — Mais savez-vous que c'est très-bien? — Qu'est-ce qui est très-bien ? — Mais ce que fait votre Lœndolin ? »

Et en effet, ce que le père Nicolas venait de mettre sous les yeux du bon bourgmestre ne ressemblait en rien à ces lieux communs mille fois refaits et toujours copiés ; il y avait, dans ces bois dégrossis au couteau, ce cachet d'invention personnelle qui dénote l'artiste, et c'était ce cachet-là qui faisait dire au vieux Gassner :

« Mais c'est très-bien, ce que fait votre Lœndolin. »

Le père Ohmacht ouvrit de grands yeux.

« Mais, dit-il, monsieur le bourgmestre, vous n'êtes donc point d'avis de punir l'enfant ? — Je suis au contraire d'avis de le récompenser, maître Nicolas. — De quelle façon ? — En le mettant chez quelque bon sculpteur en bois de la forêt Noire. En connaissez-vous un ? Oh ! il y en a un fameux à Triberg. — Eh bien ! conduisez Lœndolin chez lui et faites garder vos vaches par un autre.

Nicolas Ohmacht suivit le conseil le lendemain de son retour et conduisit l'enfant chez son futur patron. Mais l'enfant ne tarda point à s'apercevoir qu'il en savait plus que son maître. Il demanda à son père de partir pour Fribourg en Brisgaw, permission qui lui fut accordée. Là, si l'on peut s'exprimer ainsi, il acheva son apprentissage d'ouvrier. Alors il entra chez Melchior de Prokental, et là commença son éducation d'artiste.

En 1780 il revit son père et le digne bourgmestre, dont le bon conseil avait donné à la France un grand artiste de plus. De 1780 à 1790, Ohmacht ne fut préoccupé que d'une pensée : voir l'Italie, tremper son talent aux sources de l'art, pour lui donner la souplesse et la fermeté du génie. Le génie est au talent ce que l'acier est au fer. Il resta deux ans à Rome et à Florence, visitant les ateliers, étudiant les chefs-d'œuvre. Au bout de deux ans, il avait, dit son biographe, le cœur et la main prêts aux grands combats contre la pierre et le marbre. On sait maintenant quel fut le vainqueur.

* * *
* * * * * *

Dix ans s'étaient écoulés, lorsqu'il y a dix mois à pareille époque, en feuilletant le journal *le Pays*, je lus ces mots :

« L'espoir que les médecins nourrissaient, il y a peu de jours encore, de conserver la vie à madame Gros, de Strasbourg, a été cruellement déçu : cette noble femme vient de succomber au mal qui minait depuis longtemps ses forces. Elle est morte dans les bras de son mari, malade lui-même, mais loin de son fils, qui attendait et qui attend peut-être encore son retour.

» Touché de la triste position de cette famille respectable, M. Gannal, sur la seul prière qui lui en a été faite par M. Gros, a consenti à embaumer le corps. Le dernier vœu exprimé par la mourante avait été de reposer près de son illustre père, dont la mémoire est si vénérée en Alsace, comme dans toute l'Allemagne. Grâce à la généreuse confiance de M. Gannal, l'honorable M. Gros pourra donc rendre à Strasbourg la dépouille de l'infortunée fille d'Ohmacht.

» Madame Gros, nous l'avons dit, laisse un jeune fils, que la nature a doué, dit-on, de qualités d'artiste déjà fort remarquables. Puisse l'intérêt qui s'attachait à sa mère se reporter sur lui, — sur cet orphelin, — sur le petit-fils de l'éminent artiste ! Puisse-t-il trouver dans la concession accordée à sa famille pour la mise en loterie des dernières œuvres d'Ohmacht le moyen de cultiver ses brillantes dispositions et de supporter le nouveau coup qui, en le frappant lui-même, vient encore éprouver son père, dont le rare courage n'a jamais été au-dessous de l'infortune, et dont le dévouement affectueux ne s'est jamais démenti ! »

A peine eus-je lu ces lignes, que par un effort naturel ma mémoire se reporta vers cette maison de la place de la Cathédrale et que je vis dans cette galerie, pleine des œuvres du père, la mère lissant de sa main les cheveux de son fils debout à ses côtés.

Et tous les traits de madame Gros se représentèrent à ma mémoire, jusqu'à ses gestes, jusqu'à l'accent de sa voix. Puis, comme rien n'était là pour renouveler mes souvenirs, pour rafraîchir ma mémoire, peu à peu les teintes grisâtres du temps reprirent le dessus, et toute cette douloureuse histoire d'une mère morte, d'un mari veuf, d'un fils orphelin, retomba dans les profondeurs et dans l'obscurité de mon cerveau.

Enfin, il y a huit jours à peu près (j'écris ces lignes le 20 avril), on m'annonce M. Gros de Strasbourg.

C'était le même qui était venu me frapper sur l'épaule, place de la Cathédrale, et après m'avoir demandé si j'étais M. Dumas, m'avait, sur ma réponse affirmative, invité à visiter les œuvres d'Ohmacht.

Ces œuvres dont il me parlait à Strasbourg comme d'un héritage qu'il voulait léguer intact au petit-fils du grand statuaire, il avait été forcé de demander leur mise en loterie, et, l'ayant obtenue, il venait me prier, autant qu'il était en mon pouvoir, de donner de la publicité à cette pieuse spéculation, sur laquelle repose — je ne dirai pas les espérances de fortune de son fils — le fils comme le père est ruiné, et le prix de la loterie servira à peine à mettre le petit-fils dans le même état où était le grand-père quand le bourgmestre Gassner, à la vue de ses figures sculptées au couteau, le déclara artiste.

Je ne demandai pas à M. Gros quels événements avaient brisé sa fortune — je connaissais ceux qui avaient brisé son cœur, puisque j'avais rencontré un jour dans *le Pays* les lignes qu'au commencement de ce chapitre j'ai mises sous les yeux du lecteur.

Alors, je me suis dit que notre pauvre *Mousquetaire*, enfant encore au maillot, était une bien faible trompette pour sonner la fanfare de la publicité, et j'ai pensé à mon vieil ami *le Pays* et à ses vingt mille abonnés de Paris et de la province.

En conséquence de quoi je lui ai envoyé ces lignes, regrettant de ne pouvoir faire cette bonne action au journal *le Mousquetaire*, mais lui passant procuration pour cette fois.

Et il y avait droit plus que tout autre, lui qui en termes si touchants avait annoncé la mort de madame Gros!

Paris. — Typographie Morris et Cie, rue Amelot, 64.

www.ingramcontent.com/pod-product-compliance
Lightning Source LLC
Chambersburg PA
CBHW060611050426
42451CB00011B/2186